지구보다 우리가 걱정이야!

지구보다 우리가 걱정이야!

옥이샘 글·그림

지식프레임

시작하며

    인터넷과 방송에서 많은 사람들이 기후 위기와 환경 오염이 심각하다고 말해요. 그런데 주위를 둘러보면, 자동차와 공장은 여전히 연기를 내뿜고 있고, 쓰레기는 산처럼 쌓여가지요.

    상점에서 물건을 사면 비닐봉지에 담아줘요. 비닐봉지를 쓰면 자연에 해를 끼치는 것 같아서 미안한 마음이 들지요. 그렇다고 비닐봉지를 안 쓰자니 너무 번거로울 것 같아요. 이처럼 우리 생활을 편리하게 해주지만, 한편으로는 기후 위기와 환경 오염을 일으키는 물건들이 너무나 많습니다. 이러지도 저러지도 못하고, 왠지 마음만 불편해지는군요.

    "이런 세상에서 나는 어떻게 살아야 할까? 어떻게 행동해야 할까?"
    문득 이런 의문이 든 적 있나요? 그렇다면 여러분은 환경 시민이 될 새싹🌱을 이미 가슴에 품고 있는 것이랍니다.

이제 그 새싹을 쑥쑥 키우고, 답을 찾기 위해 함께 여행을 떠나봐요.
옥이샘의 만화와 함께하기 때문에 어렵거나 힘들진 않을 거예요.
그리고 매우 특별하고 의미 있는 여행이 될 거예요.
자, 준비됐나요? 이제 출발해 볼까요?

차례

시작하며 　　　　　　　　　　　　　　　　　004

01 지구보다 우리가 걱정이야! 　　　　　008
　　#지구 #생명

02 그 많던 공룡은 어디 갔을까? 　　　　012
　　#공룡 #대멸종 #기후변화

03 여섯 번째 대멸종을 막아라! 　　　　　016
　　#대멸종 #기후위기

04 타임머신 타고 미래로! 　　　　　　　022
　　#온실가스 #기후위기

05 우주 악당도 푸른 하늘을 좋아해! 　　030
　　#미세먼지 #대기오염 #푸른하늘의날

06 세계가 힘을 모아, 위기 탈출! 　　　　034
　　#파리협정 #지구열대화 #탄소중립

07 청년 돼지의 내 집 마련 　　　　　　　044
　　#재생에너지

08 방귀를 뀌면 지구가 멸망한다고? 　　　052
　　#채식 #고기없는날

09 밥상으로 미래를 바꾸는 상상 　　　　060
　　#탄소발자국 #로컬푸드 #푸드마일리지

10 고래 똥이 지구를 지킨다고? 　　　　　066
　　#고래펌프

11 펭귄은 인간의 선배님 　　　　　　　　070
　　#남극 #크릴

12 북극곰의 경고 "이러다 다 망해!" 074
#북극 #빙하

13 산타 할아버지 때문에 울면 안 돼! 082
#제로웨이스트 #자원순환 #착한소비

14 플라스틱 재판소 094
#미세플라스틱 #환경호르몬

15 보물섬의 비밀 102
#쓰레기섬 #바이오플라스틱

16 기후 위기는 약한 사람들을 더 괴롭혀 110
#기후불평등 #기후정의 #기후난민
#식량위기 #물부족

17 닭성 탈출, 반격의 진화 118
#동물복지 #생물다양성

18 외계인의 지구 수업 126
#지구 #창백한푸른점

19 슈퍼 영웅이 되는 법 136
#지구의날 #작은실천 #플로깅

20 미래를 바꾸는 희망 뉴스 144
#환경시민

마치며 148

참고 자료 150

01 지구보다 우리가 걱정이야!

#지구 #생명

우리가 살고 있는 지구는 약 46억 년 전에 생겨났어요. 어마어마하게 오래전이지요!

갓 태어난 지구는 생명이 살 수 있는 환경이 아니었어요. 우리가 숨을 쉴 수 있는 산소가 거의 없었고, 엄청난 화산 폭발이 일어나곤 했지요. 지구가 생긴 지 약 8억 년 후에 비로소 최초의 생명이 나타났답니다.

46억 년 전 태어난 지구는 붉은 하늘과 용암으로 뒤덮혀 있었어요.

38억 년 전, 최초의 생명인 박테리아가 바다에서 나타났어요.

최초의 생명은 아주 작고 단순한 모양의 생물인 박테리아였어요. 이후 오랜 세월 동안 삼엽충, 공룡 등과 같은 다양한 생물들이 지구에 등장하게 되었지요. 이러한 생물들은 지구의 환경이 변화함에 따라 잘 적응하여 살아가기도 하고 혹은 멸종하기도 했답니다.

인류가 야생에서 벗어나 농사를 짓고 문명을 이루며 살기 시작한 지는 고작 1만 년 정도밖에 되지 않아요. 우리에겐 긴 시간이지만, 엄청난 세월을 살아오면서 많은 생물의 등장과 멸종을 지켜본 지구의 입장에서 인간은 어떻게 느껴질까요?

02 그 많던 공룡은 어디 갔을까?

한때, 지구 곳곳에서 볼 수 있었던 공룡

무려 1억 8천만 년 동안 지구에서 살았죠.

나의 오랜 친구!

그러나 거의 모든 공룡이 갑자기 멸종해 버렸어요.

이유가 궁금하지?

#공룡 #대멸종 #기후변화

 다음 중 공룡이 멸종한 이유는 무엇인가요?

① 우주에서 날아온 운석에 맞아서 멸종했다.   ② 운석 충돌로 인한 기후 변화 때문에 멸종했다.

네, 맞아요! 정답은 ②번입니다. 운석 충돌로 인해 생긴 먼지와 화산재가 햇빛을 막아서 지구가 추워졌어요. 그래서 공룡들이 살기 힘든 환경이 되었답니다.

공룡이 멸종했던 5차 대멸종뿐만 아니라, 그 이전의 대멸종 사건들도 지구 환경이 평소보다 뜨거워지거나 추워졌기 때문에 벌어졌어요. 이렇게 지구 전체적으로 기후가 변하는 현상을 **기후 변화**라고 하지요.

날씨와 기후의 차이

"오늘은 춥나요? 덥나요? 비가 오나요?" 이렇게 날씨를 물어볼 때가 종종 있지요. 하루나 며칠 동안의 대기 상태를 '날씨'라고 해요. 그에 비해 30년 이상 오랜 기간 동안 나타나는 날씨의 평균 상태를 '기후'라고 한답니다.

03 여섯 번째 대멸종을 막아라!

#대멸종 #기후위기

지구에 사는 생물의 4분의 3 이상이 사라지는 사건을 '대멸종'이라고 부르지요. 과거에 지구는 다섯 번의 대멸종 사건을 겪었어요. 대멸종 시기에 지구의 기온은 5도 이상 변했지요.

그런데 지금 여러분이 이 책을 읽는 순간에도 생물이 멸종하고 있답니다! 15분에 한 종의 생물이 지구에서 사라지고 있어요. 여러분이 오늘 하루를 보내는 동안 무려 100여 종의 생물이 멸종했다는 말이지요.

멸종의 위기에서 인간도 예외는 아니에요. 최근 일어나는 지구 환경의 변화는 **여섯 번째 대멸종**이라고 부를 정도로 큰 위기 상황이랍니다. 과거 지구에서 대멸종을 불러일으켰던 기후 변화는 화산 폭발이나 거대한 운석 충돌 같은 자연적인 현상 때문에 일어났어요. 그러나 현재 벌어지고 있는 위기의 원인은 바로 인간이랍니다. 그러므로 우리에게는 지구 환경을 되살리기 위한 책임이 있어요. <u>우리 인간도 지구에서 다른 생물과 함께 살아가는 자연의 한 부분이기 때문이에요.</u>

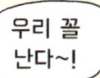
우리 꼴 난다~!

기후 위기

지구 환경에 대한 경각심을 일깨우고자, 요즘은 '기후 변화'라는 말보다는 '기후 위기'라고 부른답니다. 기후 위기를 막지 못한다면 우리의 미래가 어떻게 될지 상상해 보도록 해요.

기후 변화로 인해
공룡이 멸종하지 않았더라면,
오늘날, 이런 모습을
볼 수 있겠죠?

04 타임머신 타고 미래로!

큰 가뭄과 홍수로 식량 생산이 크게 줄어들었어요.

#온실가스 #기후위기

최근 지구에서 벌어지고 있는 기후 위기는 인간이 내뿜는 온실가스 때문이랍니다. **온실가스**란 지구를 뜨겁게 만드는 기체를 말해요. 대표적으로 '이산화탄소'와 '메탄'이 있지요.

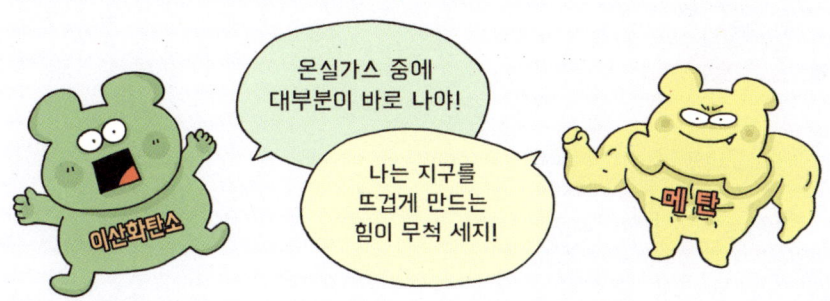

한여름에 두꺼운 이불을 뒤집어쓰고 있는 자신의 모습을 상상해 보세요. 몸의 열이 빠져나가지 않아서 무척 덥겠지요? 온실가스는 지구를 덮고 있는 이불 역할을 한답니다. 즉, 햇빛으로 달궈진 지구의 열이 온실가스에 갇혀 바깥으로 나가지 못하게 되지요.

이러한 온실가스가 사라진다면 지구의 기온이 내려가서 빙하기가 찾아올 수도 있어요. 적당한 양의 온실가스는 지구를 너무 춥지 않게 해주지요. 다만, 최근의 온실가스는 인간에 의해 너무 갑자기 늘어나서 큰 문제를 일으키고 있어요.

현재 우리가 살고 있는 시대는 100여 년 전보다 지구의 평균 기온이 1도가량 갑자기 올랐어요. 자연적으로 지구의 평균 기온이 1도 오르는 데 대략 2,000년의 시간이 걸리지요. 이와 비교하면 엄청나게 빠른 속도로 오른 것이랍니다. 지구의 평균 기온이 오르면, 인간의 힘으로는 예측하거나 막을 수 없는 이상 기후 현상이 늘어납니다.

호주에서 극심한 무더위와 가뭄으로 엄청난 산불이 일어났어요. 무려 여섯 달 동안 꺼지지 않고, 우리나라 면적만큼 숲을 태워버린 무시무시한 산불이지요.

파키스탄에서는 역대 최악의 홍수가 일어나서 국토의 3분의 1 이상이 물에 잠겼어요. 그래서 많은 사람들이 삶의 터전을 잃었지요.

추운 지역으로 알려진 시베리아에 40도 가까운 무더위가 찾아왔어요. 반대로 원래 따뜻했던 텍사스에서는 강추위가 찾아와 큰 피해를 주었지요.

우리나라도 기후 위기에서 안전하지 않아요. 바다가 뜨거워지면서, 태풍의 힘이 더욱 세졌지요. 매년 잦은 태풍과 장마로 몸살을 겪고 있어요.

　　지구가 뜨거워지면서 생물들이 적응하며 살았던 원래의 기후 환경은 뒤죽박죽 엉망이 되었어요. 그러나 아직 늦지 않았어요! 우리의 의지와 실천으로 기후 위기를 막을 수 있답니다. 이 책을 마저 읽으면서 해결 방법을 함께 알아보도록 해요.

05 우주 악당도 푸른 하늘을 좋아해!

#미세먼지 #대기오염 #푸른하늘의날

자동차나 공장 굴뚝에서 뿜어져 나오는 연기에는 무엇이 있을까요? 지구를 뜨겁게 만드는 온실가스가 있어요. 그리고 지구의 공기를 오염시키고 우리의 건강을 해치는 미세먼지가 있지요.

우리는 종종 텔레비전 뉴스의 일기예보 방송이나 스마트폰의 날씨 앱을 통해서 오늘의 미세먼지 상황을 확인하지요. 미세먼지가 심한 날에 마스크를 쓰지 않고 외출하면 호흡기나 심장 등에 병이 생길 수 있기 때문이에요.

지구의 공기는 전 세계가 나누어 쓰고 있기 때문에 미세먼지를 비롯한 대기오염 문제를 해결하기 위해서는 여러 나라의 협력이 필요해요. 그래서 국제연합(UN)에서는 매년 9월 7일을 **푸른 하늘의 날**로 지정하여, 대기오염의 심각성을 전 세계에 알리고 있지요. 우리나라가 제안하여 채택된 국제적인 환경 기념일이랍니다.

06 세계가 힘을 모아, 위기 탈출!

온실가스 증가 때문에 생긴 엄청난 무더위를 유럽에서는 '케르베로스'에 비유했어요. 그리스 신화에 등장하는 케르베로스는 머리 셋 달린 무시무시한 개랍니다.

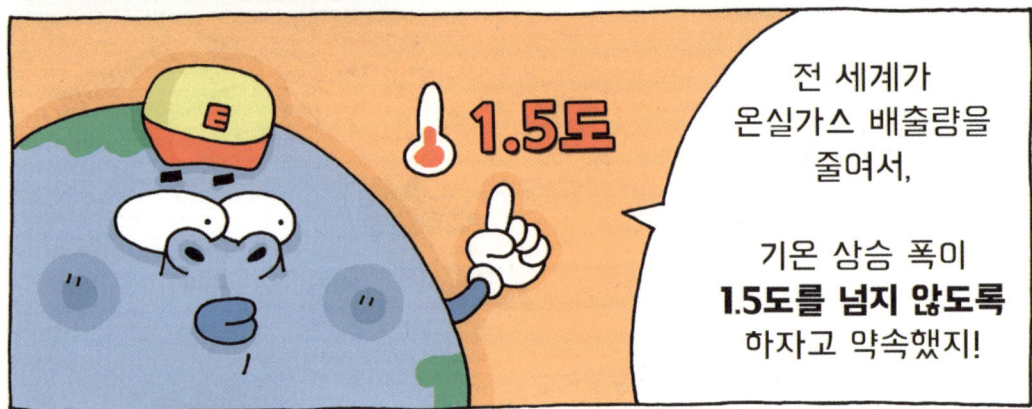

#파리협정 #지구열대화 #탄소중립

외계인이 지구를 침략한다면 우리는 어떻게 해야 할까요? 이는 어느 한 나라의 문제가 아니라, 지구 전체의 운명이 달린 일이기 때문에 전 세계 모든 나라가 힘을 합쳐서 대책을 세울 거예요.

기후 위기도 마찬가지랍니다. 이제 '지구 온난화'라는 말보다 **지구 열대화(지구 열탕화)**라는 말을 사용할 정도로 지구의 온도는 급격하게 오르고 있어요. 그로 인해 세계 곳곳에서 엄청난 피해가 생겨났고, 심지어 여섯 번째 대멸종에 대한 걱정도 커졌지요. 그래서 각 나라의 대표들이 프랑스 파리에 모여 대책 회의를 하였답니다.

이때 모인 195개국 나라들은 뜻을 함께 모아 중요한 약속을 하게 되죠. 이 약속을 **파리협정**이라고 해요. 기후 위기를 막기 위해 드디어 전 세계가 힘을 합치기 시작한 것이지요.

그렇다면 세계 여러 나라들은 지구의 기온 상승 폭을 1.5도 아래로 유지하기 위해 어떤 방법을 쓰면 될까요? 그 해결책은 바로 **탄소 중립**이에요.

숲이나 흙, 바다 같은 자연 환경에서는 탄소의 흡수가 일어나요. 예를 들어, 식물은 광합성을 통해 대기 중의 이산화탄소를 흡수해요. 마찬가지로 바다에서는 식물성 플랑크톤이나 산호, 크릴, 고래 등 다양한 생물들이 탄소를 흡수하는 역할을 해요.

그런데 자연이 흡수하는 탄소의 양보다 인간이 배출하는 온실가스의 양이 더 많아지면 지구의 온도가 올라갑니다. 만약 온실가스 배출량이 줄어서 자연이 흡수하는 탄소의 양과 같아진다면 어떻게 될까요? 실제로 배출되는 온실가스의 양은 0이 되겠죠. 이런 상태를 탄소 중립이라고 해요.

파리협정 이후 대부분의 나라들은 2050년 무렵까지 탄소 중립을 이루겠다고 약속했어요. 우리나라도 이 약속에 동참을 했지요. 그만큼 기후 위기를 막는 것은 세계적으로 절실하고 중요한 일이랍니다.

전 세계는 탄소 중립이라는 목표를 이루기 위해서 **화석 연료** 사용을 줄이는 노력을 하고 있어요.

인류는 화석 연료를 태워서 나오는 에너지를 사용하여 경제와 산업을 발전시켜 왔지요. 물건을 생산하는 공장, 우리가 타고 다니는 자동차, 에어컨과 보일러로 쾌적한 환경을 유지하는 집 등은 화석 연료를 많이 사용해요. 화석 연료를 사용하면 기후 위기를 일으키는 온실가스가 배출되지요. 화석 연료 사용은 우리의 생활을 편리하게 만들었지만, 한편으로는 우리의 미래를 위험하게 만든 거예요.

유럽과 중국, 미국의 캘리포니아, 워싱턴 등에서는 2035년부터 석유를 사용하는 자동차의 판매를 금지하고, 친환경 자동차만을 판매하기로 결정했어요. 그리고 전기를 생산할 때도 석탄 대신 **재생 에너지**를 사용하는 경우가 늘고 있지요. 독일, 덴마크 등과 같이 전체 전기 중에 절반 이상을 재생 에너지로 생산하는 나라도 있답니다. 또한 아마존, 구글, 삼성, 애플 같은 세계적인 기업들은 앞으로 재생 에너지만을 사용해서 제품을 생산하겠다고 선언했지요.

지금까지 세상은 화석 연료를 사용해서 발전해 왔기 때문에, 온실가스를 줄이는 과정에서 당장은 불편을 겪을 수 있어요. 하지만 파리협정 이후 10여 년이 지난 지금, 전 세계는 끊임없는 노력을 통해 조금씩 어려움을 극복하고 기후 위기를 막기 위해 한 걸음씩 나아가고 있답니다.

07 청년 돼지의 내 집 마련

나도 내 집을 갖고 싶어!

돼지는 집을 마련하기 위해 열심히 일했어요.

내 직업은 농부야. 기후 위기 시대에 농업이 우리의 희망이 될 것이라고 믿어.

출, 퇴근할 때는 늘 대중교통을 이용했지요.

전철을 타면, 교통비 아끼고 환경도 보호할 수 있다고!

#재생에너지

화석 연료를 사용해 우리 사회는 큰 기술 발전을 이루었어요. 석탄을 태워 전기를 생산하고, 석유로 자동차를 움직이며, 천연가스로 우리의 집을 따뜻하게 만들지요. 그러나 화석 연료는 몇 가지 단점이 있답니다.

☝ 온실가스를 배출하고 자연 환경을 파괴하지요. 화석 연료를 사용하는 산업이 발달하면서 지구의 온도는 가파르게 올랐어요. 그리고 미세먼지처럼 공기를 오염시키는 물질이 우리의 건강을 위협하지요.

✌ 땅 속에 묻혀 있는 양이 정해져 있어, 무한히 쓸 수 없어요. 언젠가는 바닥날 자원이라는 것이죠. 그래서 인류는 화석 연료 이후의 세상을 대비할 필요가 생겼어요.

🤟 모든 나라에 골고루 있지 않고, 특정 나라에 몰려 있지요. 예를 들어 우리나라는 석유가 한 방울도 나지 않지만, 사우디아라비아를 비롯한 서남아시아 국가에는 석유가 많이 있어요. 간혹 이런 점 때문에 나라 사이에 갈등이 일어나기도 해요.

이러한 화석 연료의 단점을 모두 해결할 수 있는 것이 있는데, 그것이 바로 **재생 에너지**랍니다!

재생 에너지란 태양, 바람, 물, 땅 등과 같이 자연의 힘을 이용해서 얻는 에너지를 말해요.

파리협정 이후, 기후 위기를 막기 위해 세계 여러 나라에서는 화석 연료의 사용을 줄이고 재생 에너지의 비중을 늘리고 있어요. 110개가 넘는 나라에서 재생 에너지를 2030년까지 지금보다 3배 늘리기로 국제적인 약속을 하였지요.

실제로 재생 에너지를 이용해서 얻는 전기의 양이 석탄을 곧 넘어설 것으로 예상하고 있어요. 그동안 전기 생산 1위였던 석탄이 그 자리를 재생 에너지에 따라잡힌 것이지요. 또한 국제에너지기구(IEA)는 기존의 화석 연료보다 재생 에너지가 더 경제적이라고 발표했어요. 즉, 태양이나 바람을 이용한 발전소가 화석 연료 발전소 건설보다 비용이 적게 든다는 말이지요.

이제 재생 에너지 사용은 세계적인 흐름이 되었어요. 바야흐로 화석 연료의 시대가 막을 내리고, 기후 위기를 막기 위한 새로운 시대가 오고 있답니다.

재생 에너지의 종류

태양
태양의 빛과 열에서 에너지를 얻어요.

풍력
바람의 힘으로 풍차를 돌려 에너지를 얻어요.

수력
높은 곳에서 낮은 곳으로 떨어지는 강물의 힘에서 에너지를 얻어요.

조력
밀물과 썰물로 생기는 바닷물의 높이 차이를 이용해서 에너지를 얻어요.

지열
화산이나 온천 지역의 땅에서 나오는 열을 이용해서 에너지를 얻어요.

08 방귀를 뀌면 지구가 멸망한다고?

#채식   #고기없는날

고기를 먹는 것과 기후 위기는 얼핏 보면 서로 별 상관이 없어 보이죠? 하지만 사실 밀접한 관련이 있어요.

소를 키우는 목장을 만들기 위해 사람들은 매년 많은 숲을 불태워 없애고 있지요. 여러분이 이 책을 보고 있는 동안에도 많은 숲이 사라지고 있답니다. 특히 '지구의 허파'라고 불릴 만큼 많은 산소를 지구에 제공해 주던 아마존 열대 숲이 심각하게 파괴되고 있어요.

또한 가축을 기르기 위해서는 많은 양의 곡식이 필요한데, 전 세계 곡물 생산량의 3분의 1 이상이 가축의 사료로 쓰인답니다. 가축의 사료로 쓸 곡물을 재배하기 위해 또 많은 숲이 사라지고 있지요.

숲이 불에 타는 과정에서 많은 온실가스가 나오는데, 온실가스를 흡수하

는 역할을 하는 숲이 정작 사라지니 기후 위기의 악순환은 더욱 심해질 수밖에 없어요.

그리고 여러분도 알다시피, 소가 트림을 하거나 방귀를 뀔 때 나오는 메탄의 양도 엄청나게 많답니다. 소의 방귀라고 얕잡아봤다가는 큰코다칠 수 있는 거지요.

지구 환경을 지키기 위해 요즘은 고기를 먹는 육식을 하지 않고 채식을 하는 사람들이 늘고 있답니다. 전 세계 사람들이 채식만 하게 된다면, 지구의 온실가스 양이 20퍼센트 이상 감소하고 호주 크기만큼의 숲을 살릴 수 있다고 해요. 채식으로 기후 위기를 크게 막을 수 있다는 뜻이지요.

그렇다면 지금부터라도 우리 모두가 고기를 전혀 먹지 않으면 될까요?

머리로는 지구를 지키기 위해 채식을 해야 한다고 생각하지만, 이것을 행동으로 실천하기는 쉽지 않을 거예요.

그렇다면 고기를 너무 과하게 먹지 않도록 하고, 덜 먹는 방향으로 실천해 보면 되지요. 우리가 일주일에 하루만 고기를 먹지 않아도 상당한 양의 온실가스를 줄일 수 있어요. 그래서 요즘 일주일에 한 번, 혹은 한 달에 한 번이라도 채식 급식을 실시하는 학교가 늘고 있답니다. 가정에서도 일주일에 한 번, 밥상에 **고기 없는 날**을 정해서 지키도록 해봐요.

09 밥상으로 미래를 바꾸는 상상

`#탄소발자국` `#로컬푸드` `#푸드마일리지`

　기후 위기를 막기 위해 우리가 당장 실천할 수 있는 일은 바로 밥상을 바꾸는 것이랍니다. 우리의 밥상 위로 올라오기까지 배출하는 온실가스의 양은 식품마다 달라요.

　쇠고기의 탄소 발자국은 두부의 30배가 넘어요. 이는 두부가 똑같은 양의 쇠고기보다 30배나 온실가스를 적게 배출한다는 의미지요. 보통 고기보다는 채소와 과일의 탄소 발자국이 작아요. 그래서 고기를 덜 먹으려고 노력하는 것도 지구 환경을 보호하는 일이랍니다.

　똑같은 식품을 먹더라도 먼 외국에서 비행기나 배에 실려서 수입된 것을 먹는다면 기후 위기를 막는 데 도움이 되지 않아요. 즉, 내가 사는 곳과 가까운 지역에서 만들어진 식품을 먹는 것이 좋답니다.

로컬 푸드 (Local Food)
가까운 우리 지역의 식품을 말해요. 신선한 로컬 푸드를 먹으면 건강도 지키고 기후 위기도 줄일 수 있답니다.

푸드 마일리지 (Food Mileage)
생산한 지역에서 밥상에 오르기까지의 이동 거리를 나타내요. 푸드 마일리지가 클수록 먼 거리를 이동한 식품이기 때문에 온실가스도 많이 배출하지요.

10 고래 똥이 지구를 지킨다고?

#고래펌프

고래는 깊은 바다에서 먹이를 먹고, 수면 위로 올라와서 똥을 누지요. 이러한 고래의 습성은 깊은 바다의 영양 성분을 얕은 바다까지 끌어 올려서 바다 생태계를 풍부하게 한답니다.

이렇게 고래가 영양 성분을 순환시키는 과정을 무엇이라고 할까요?

① 고래 폭포　　② 고래 펌프 ✓

또한 고래는 기후 위기를 막아주는 고마운 동물이에요. 지구를 뜨겁게 만드는 온실가스 중에 대표적인 것이 바로 이산화탄소라는 사실은 이미 알고 있죠? 고래는 큰 덩치에 걸맞게 엄청나게 많은 이산화탄소를 몸 속에 저장하지요. 큰 고래 한 마리가 평생 흡수하는 이산화탄소는 33톤에 달해요. 길에서 볼 수 있는 용달 트럭 33대만큼의 양이라고 상상하면 이해하기 쉬울 거예요. 그리고 고래 똥을 먹이로 삼는 식물성 플랑크톤은 이산화탄소를 들이마시고, 산소를 내뱉어서 기후 위기를 막지요.

어때요? 고래는 지구 환경을 위해 아낌없이 주는 동물이지요? 심지어 똥마저 지구에 사는 생물들에게 도움을 주니 말이에요.

11 펭귄은 인간의 선배님

#남극 #크릴

펭귄은 인간보다 지구에 먼저 등장했답니다. 과학자들의 연구를 통해 펭귄의 조상은 공룡과 함께 이미 지구에서 살고 있었다는 사실이 밝혀졌어요. 반면에 현재 인류의 조상인 호모 사피엔스가 나타난 시기는 약 30만 년 전이라고 짐작하고 있지요. 이렇게 본다면 펭귄은 인간에 비해 어마어마하게 앞선 선배님이네요.

그런데 지금 펭귄이 지구에서 사라지고 있어요! 그 이유는 지구가 뜨거워지면서 남극의 빙하와 바다 얼음이 녹았기 때문이에요. 그 밑바닥에는 미생물이 많이 사는데 이를 **크릴**이 먹지요. 크릴은 새우와 비슷하게 생긴 작은 생물인데, 펭귄을 비롯해서 남극에 사는 물고기, 고래, 물개, 바닷새 등의 중요한 먹이랍니다. 그런데 얼음이 녹아서 크릴의 수가 크게 줄었기 때문에 펭귄은 먹이 부족으로 굶주리게 되었어요. 그 결과 남극 생태계 전체가 위험에 빠지게 된 것이지요.

하지만 일부 사람들은 여전히 남극의 환경을 파괴하는 일에 앞장서고 있어요. 이는 남극에 사는 생물뿐만 아니라 인간에게도 큰 해를 끼치는 행동이에요. 그 이유는 이어지는 12화에서 북극곰이 자세히 알려줄 거예요.

 # 12 북극공의 경고 "이러다 다 망해!"

#북극 #빙하

멸종 위기에 처한 북극곰이 전하는 이야기를 잘 들어 보았나요?
빙하가 녹으면 지구에 어떤 일들이 벌어지는지, 다시 한번 확인해 볼까요?

① 햇빛의 반사 양이 줄어들고, 바닷물의 흐름이 느려지며, 빙하 아래 땅에 갇혀진 온실가스가 새어 나오게 된다. 결국 지구가 더 뜨거워져서 ㄱㅎㅇㄱ 가 심해진다.

② 빙하가 녹은 물이 바닷물과 합쳐지면 ㅎㅅㅁ 이 높아져서, 섬나라나 바다와 가까운 육지가 물에 잠긴다.

③ 빙하가 녹으면서 빙하 아래 얼어붙었던 땅이 드러난다. 그 땅 속에 잠자고 있던 ㅂㅇㄹㅅ 와 세균들이 세상에 나오면 위험한 전염병이 생길 수 있다.

④ 빙하 밑에 사는 미생물을 잡아먹는 크릴은 고래, 펭귄, 물범, 바닷새 등의 중요한 먹이이다. 그래서 빙하가 사라지면 크릴이 사라지고, 연달아 남극과 북극의 ㅅㅌㄱ 가 파괴된다.

▶ 정답: ① 기후위기 ② 해수면 ③ 바이러스 ④ 생태계

13 산타 할아버지 때문에 울면 안 돼!

#제로웨이스트   #자원순환   #착한소비

산타 할아버지의 제트기는 전 세계를 돌아다니면서 많은 온실가스를 내뿜었을 거예요. 그런데 그 외에도 산타 할아버지는 기후 위기를 심각하게 만드는 행동을 하였는데, 그것은 무엇일까요?

유행에 민감한 산타 할아버지는 옷을 자주 사고, 싫증이 나면 금방 버려요. 옷을 과하게 사는 것이 기후 위기와 무슨 상관이냐고요?

옷을 만들면서 많은 자원이 쓰이고, 그 과정에서 온실가스가 배출된답니다. 공장에서 티셔츠 한 벌을 만들기 위해서는 2,700리터의 물이 필요하고, 한 시간 동안 달리는 자동차와 비슷한 양의 온실가스가 뿜어져 나와요. 세계 온실가스 배출량의 10퍼센트가 옷을 만들면서 생기지요!

또한 화석 연료인 석유로부터 옷감의 원료를 많이 얻어요. 이러한 옷이 버려지면 태우거나 땅에 묻어서 처리하게 됩니다. 이런 처리 과정에서 다시 온실가스를 배출하고 환경을 오염시키지요.

헌 옷 수거함에 넣으면 문제가 해결될까요? 안타깝게도 수거함 속의 헌 옷은 약 5퍼센트만 다시 쓰여요. 나머지는 다른 나라로 떠넘겨져서 헌 옷 쓰레기 산을 만들지요.

실제로 남아메리카 칠레의 사막에는 선진국으로부터 넘겨받은 헌 옷 쓰레기가 모여 거대한 산을 이루었는데, 그 모습이 지구 밖 인공위성에서 보일 정도랍니다.

아프리카 가나에서는 유럽에서 온 헌 옷 쓰레기가 해변을 가득 메우고, 바다를 오염시키고 있어요.

우리가 일상 생활에서 다음과 같은 실천을 한다면, 심각한 헌 옷 쓰레기 문제를 줄일 수 있답니다.

무작정 유행을 따르기보다 나의 개성에 맞는 옷을 사요.

새로 산 옷은 오래 입어요.

헌 옷을 수선해서 가방이나
반려동물의 옷 등으로 만들어요.

중고 시장을 통해
옷을 사거나 판매해 봐요.

　환경을 생각하며 옷을 사는 사람들이 많아지면서, 옷을 만드는 일부 기업들도 반성의 목소리를 내고 행동으로 옮기기 시작했어요. 예를 들어, 바다의 플라스틱 쓰레기를 모아서 옷을 만들기도 하고, 버려지는 옷감을 멋지게 재활용해서 새로운 제품으로 만들기도 하죠. 튼튼하고 오래 입을 수 있는 옷을 만들고, 옷을 판매한 수익금을 환경 운동을 위해 기부하는 기업도 있어요. 여러분들의 실천이 더해질수록 점점 더 이러한 친환경 기업이 많아질 것이랍니다.

　✌ 산타 할아버지의 두 번째 잘못은 포장을 지나치게 해서 쓰레기를 많이 만들었다는 점이에요.

　국제 환경보호 단체인 '그린피스'의 조사에 따르면, 우리가 버리는 플라스틱 쓰레기 중에서 약 80퍼센트가 포장재 쓰레기인 것으로 나타났어요! 🤢 최근에는 온라인 쇼핑과 음식 배달의 증가로 포장재 쓰레기가 더욱 늘어나고 있지요. 포장재는 만들어지는 과정에서 온실가스를 배출하고, 결국 쓰레기로 버려져서 인간과 자연에 해를 끼치게 된답니다.

포장재 쓰레기를 줄이기 위해서는 다음과 같은 노력이 필요해요.

포장재 쓰레기를 줄이기 위한 우리의 노력은 기업을 변화시키고 정부의 환경 정책에 힘을 실어줄 수 있지요. 실제로 많은 기업들이 포장재의 크기를 줄이거나 없애는 활동에 동참하고 있어요. 환경을 아끼는 사람들의 요구가 많아진다면, 정부에서는 과대 포장을 금지하고 쓰레기를 줄이는 정책을 적극적으로 만들 수밖에 없겠죠? 결국 세상을 변화시키는 것은 우리의 작은 노력과 실천이랍니다.

쓰레기들은 다음 세 가지 운명 중 하나에 처하게 돼요.

기후 위기를 막기 위한 정답은 당연히 ③번이겠지만, 현실은 ①,②번인 경우가 훨씬 더 많아요.

올바른 분리배출을 한다면 재활용 비율이 더 높아질 수 있답니다. 땅에 있던 물이 구름과 비로 다시 돌고 도는 것처럼, 쓰레기도 다시 쓸 수 있는 자원으로 순환하는 것이지요. 이런 과정을 **자원 순환**이라고 합니다.

쓰레기를 줄이기 위한 최고의 방법은 쓰레기를 처음부터 만들지 않는 것이에요. 일회용품을 사용하지 않고, 필요하지 않은 물건은 사지 않는 것이죠.

일상 생활 속에 어떤 일회용품이 있는지 한번 곰곰이 생각해 볼까요?

우리가 평소에 쓰는 일회용품이 이렇게 많다니…. 정말 놀랍지요? 일회용품의 사용만 줄여도 쓰레기가 생기는 것을 막을 수 있어요.

어쩔 수 없이 물건을 사야 하는 경우라면, **착한 소비**를 하는 것도 쓰레기를 줄이는 방법이지요. 착한 소비란 환경과 사회를 배려해서 물건을 구매하는 것을 의미해요. 과대 포장 제품보다 실속 있는 상품을 구매하는 행동은 착한 소비라고 할 수 있어요. 이왕이면 다시 사용하거나 재활용이 쉬운 제품을 사는 것도 쓰레기 문제를 해결할 수 있는 착한 소비랍니다.

14 플라스틱 재판소

#미세플라스틱 #환경호르몬

여러분은 이 재판의 판결을 어떻게 내리고 싶나요? 다음에 이어지는 글을 읽어보고 한번 생각해 보세요.

사실 처음 등장할 때만 해도 플라스틱은 자연을 보호하는 물질로 여겨졌답니다. 19세기 유럽에서는 부자들 사이에서 당구가 크게 유행했는데, 문제는 당구공을 코끼리의 엄니인 상아로 만들었다는 점이에요. 단지 당구공을 얻기 위해 많은 코끼리의 목숨을 빼앗았지요. 비싼 상아를 대신할 당구공의 재료를 찾다가 최초의 플라스틱이 발명되었으니, 코끼리 입장에서는 고마울 수도 있었을까요?

이후 사람들은 석유로 플라스틱을 만드는 기술을 개발했어요. 이렇게 만들어진 플라스틱은 가볍고 여러 가지 색깔을 낼 수 있으며, 원하는 모양으로 만들기도 쉽죠. 그동안 나무로 만들던 많은 물건을 플라스틱이 대신하였기 때문에, 플라스틱이 숲을 살리는 물질이라고 생각하는 이들이 많았지요. 게다가 가격도 비싸지 않으니, 장점이 많은 플라스틱은 '신이 내려준 선물'로 불렸어요. 플라스틱은 장난감, 학용품, 휴대폰 등을 비롯해 화성을 탐사하는 우주 로봇의 부품으로 쓰이기도 해요. '플라스틱 시대'라고 해도 과장이 아닐 만큼 우리는 플라스틱 물건에 둘러싸여 살고 있지요.

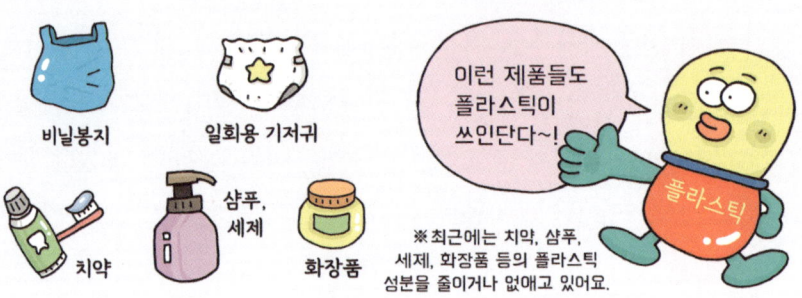

그러나 점점 플라스틱에 대한 평가가 달라지기 시작했어요. 심지어 '인류 역사상 최악의 발명품'이라고 비난을 받기도 하지요. 신이 내려준 선물이었던 플라스틱이 이렇게 가혹한 평가를 받게 된 까닭은 무엇일까요?

플라스틱은 인간과 자연에 해를 끼치고, 기후 위기를 부추긴다는 사실이 밝혀졌기 때문이에요.

석유로부터 플라스틱을 얻는 과정에서 독한 화학 물질을 사용하는데, 이게 우리의 몸으로 들어오면 심각한 병을 일으킨답니다. 이런 화학 물질을 **환경 호르몬**이라고 해요. 수백 년 동안 썩지 않는 플라스틱이 잘게 부서지면 눈에 보이지 않을 만큼 작은 알갱이인 **미세 플라스틱**이 되지요. 오랜 세월 동안 미세 플라스틱은 흙, 강, 바다, 공기로 퍼져서, 지구의 생물들에게 환경 호르몬을 비롯한 오염 물질을 퍼뜨립니다.

플라스틱은 기후 위기를 일으키는 범인이기도 해요. 국제환경법센터의 보고서에 의하면, 한 해 동안 플라스틱 때문에 생기는 이산화탄소의 양은 석탄 화력 발전소 189개가 내뿜는 양과 같다고 해요. 플라스틱을 만드는 과정에서 많은 이산화탄소가 발생할 뿐 아니라, 쓰레기로 버려져서도 메탄 같은 온실가스를 내뿜지요. 해마다 플라스틱의 사용은 늘고 있어서 이로 인해 배출되는 온실가스의 양도 더욱 많아지고 있어요.

15 보물섬의 비밀

#쓰레기섬 #바이오플라스틱

쓰레기 섬은 상상 속에만 있는 것이 아니라, 실제로 태평양에 존재한답니다. 심지어 크기도 엄청나게 크죠. 대한민국 면적의 16배에 달하며, 해마다 점점 더 커지고 있어요. 국제연합(UN)에서는 이 거대한 쓰레기 섬을 정식 국가로 인정했지요! 그래서 국민과 정부가 있고, 여권과 화폐도 있어요.

지도에서 본 적도 없는데, 쓰레기 섬나라의 이야기를 믿을 수 없다고요? 자, 지금부터 쓰레기 섬의 비밀을 알려줄게요!

바다에 버려진 쓰레기들은 해류에 떠밀려 다니다가, 물의 흐름이 약한 곳으로 모이게 돼요. 이렇게 쓰레기 더미들이 모이면 마치 큰 섬처럼 보이죠. 이런 쓰레기 섬의 수는 계속 늘어나서 태평양뿐만 아니라 대서양과 인도양에도 자리를 잡았답니다.

쓰레기 섬의 90퍼센트 이상은 비닐봉지, 생수병, 빨대, 스티로폼 등의 플라스틱으로 이루어져 있어요. 이런 플라스틱을 바닷새, 고래, 바다거북 같은 해양 생물들이 먹이로 착각하고 먹습니다. 그래서 결국 병에 걸리고 목숨을 잃어서 멸종 위기에 처했지요.

쓰레기 섬의 플라스틱은 우리 인간들에게도 해를 끼칩니다. 인간도 자연 생태계의 한 부분이기 때문이에요.

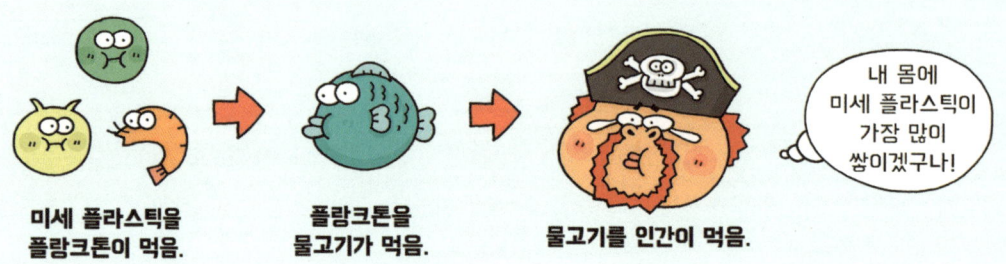

국제연합(UN)은 지구촌 사람들에게 바다 쓰레기 문제의 심각성을 알리기 위해 태평양의 쓰레기 섬을 '국가'로 인정했어요. 진짜 나라는 아니지만, 많은 환경 운동가들은 자발적으로 쓰레기 섬나라의 국민이 되어 바다 환경을 지키는 행동에 나섰지요.

바다는 지구의 보물이랍니다. 왜냐하면, 바닷물의 흐름은 지구의 열을 골고루 퍼지게 해주지요. 또한 바다와 바다 생물들은 온실가스를 흡수해서 기후 위기를 막아줍니다. 예를 들어, 바다에 사는 식물성 플랑크톤, 크릴, 고래, 산호 등의 생물은 온실가스인 이산화탄소를 줄여주는 역할을 해요. 그러므로 바다와 바다 생물을 아끼고 보호하는 것은 결국 우리 인간을 지키는 일입니다.

16 기후 위기는 약한 사람들을 더 괴롭혀

#기후불평등 #기후정의 #기후난민 #식량위기 #물부족

국제 구호 개발 기구인 '옥스팜'의 보고서에 따르면, 상위 1퍼센트에 해당하는 슈퍼 부자들이 내뿜는 온실가스의 양은 전 세계 가난한 사람들 50억 명이 배출하는 양과 같다고 해요!

마찬가지로 부자 나라일수록 가난한 나라에 비해 훨씬 더 많은 온실가스를 배출하였답니다. 부자 나라인 몇몇 선진국들은 그동안 화석 연료를 펑펑 쓰면서 산업화와 경제 발전을 이루었어요. 그만큼 지구에 많은 온실가스를 배출해서 기후 위기를 앞당겼지요.

그런데 정의롭지 못한 기후 위기는 약한 이들을 더 괴롭힌답니다.

기후 위기의 원인은 대부분 부자 나라에서 배출한 온실가스인데, 정작 가난하고 힘없는 나라가 피해를 더 크게 받고 있지요. 이런 상황을 **기후 불평등**이라고 해요.

기후 불평등의 예

동아프리카에서는 3년 동안 제대로 비가 내리지 않아요. 농작물을 키울 수 없어서, 많은 이들이 굶주림에 시달리고 있지요.

해수면이 상승하면서 태평양 섬나라들이 물에 잠기고 있어요. 졸지에 나라를 잃게 된 것이지요.

남아메리카에서는 심각한 가뭄으로 마실 물이 부족해요. 비싼 값으로 물을 사야 하기 때문에 물 한 모금도 편하게 마시기 힘들지요.

히말라야 산간 마을에서는 빙하가 녹고, 홍수와 산사태가 잦아지면서 주민들이 살기 어려워졌어요.

가난한 사람들은 안전하지 않은 집에서 태풍, 홍수, 무더위, 가뭄에 맞서 힘겹게 지내야 해요. 게다가 식량을 구할 수 없어 배고픔으로 더욱 큰 고통을 겪어요. 기후가 엉망이 되면서 농작물이 제대로 자랄 수 없게 되고 전 세계가 식량 부족에 시달리고 있기 때문이지요. 최근 국제연합(UN) 보고서에 따르면, 전 세계에서 7억 3,500만 명의 사람들이 굶주림에 시달리고 있으며, 해마다 그 수가 점점 늘고 있다고 해요.

미국의 뉴욕은 해수면 상승에 대비하여, 바닷가를 따라 5미터 높이의 벽을 짓고 있어요. 막대한 돈과 뛰어난 기술을 가진 부자 나라이기에 가능한 일이지요. 그러나 가난한 섬나라의 주민들은 아무런 대처도 못 하고 나라를 떠날 수밖에 없답니다. 이렇게 기후 위기로 인해 살던 곳을 떠나게 된 이들을 **기후 난민**이라고 해요. 국제연합(UN)은 이대로 기후 위기가 계속된다면, 2050년에는 최대 10억 명의 난민이 생길 수 있다고 경고했어요.

이러한 불평등이 심해지면, 갈등과 전쟁으로 이어져 세상의 질서가 무너질 수 있어요. 그러면 가난한 사람들뿐만 아니라 부유한 사람들도 큰 피해를 보게 됩니다. 마찬가지로 기후 위기가 더욱 심해져서 지구 환경이 심각하게 파괴된다면, 부자 나라와 힘없는 나라 모두에게 큰 재앙이지요. 그리고 무엇보다 기후 불평등은 우리 인류가 추구하는 '정의'라는 가치관과 어긋납니다.

그래서 많은 이들이 **기후 정의**를 실현하기 위해 행동에 나서기 시작했어요. 기후 정의란 기후 위기로 인한 불평등을 깨닫고, 이런 불평등을 줄여서 정의로운 세상을 만들자는 것이에요.

기후 위기 원인에 큰 몫을 차지하고 있는 나라와 기업은 책임감을 갖고 공정한 세상을 만드는 데 관심을 두어야 해요. 부자 나라는 기후 위기 피해를 줄이기 위해 가난한 나라에 자금과 기술 지원을 아끼지 않아야 합니다.

물론 가난한 나라도 기후 위기를 줄이기 위한 노력에 동참해야 하지요. 정의로운 지구촌 세계 시민으로서, 기후 위기와 기후 불평등은 모두 함께 해결해야 할 공동의 문제랍니다.

17 닮성 탈출, 반격의 진화

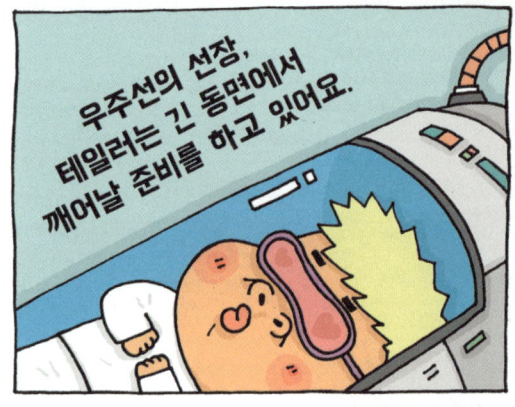

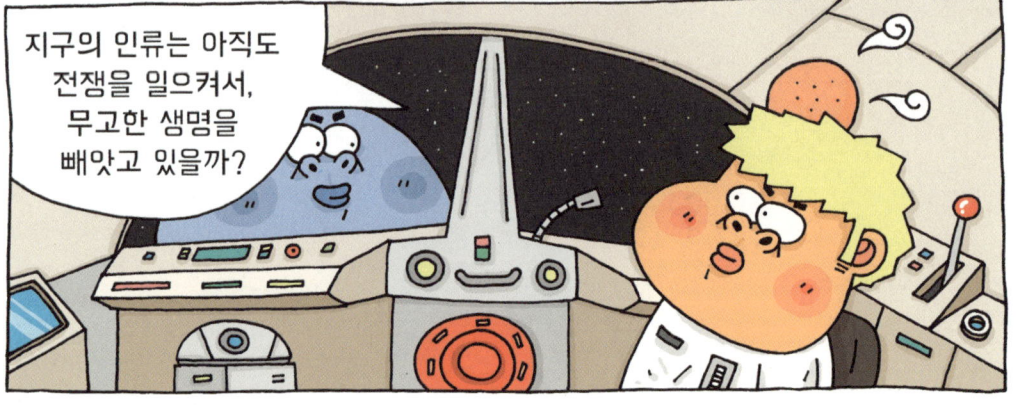

그 당시 인간은 자기들이 지구의 주인이라고 으스댔지만, 사실 그때도 우리 닭들의 수가 인간보다 많았지!

인간들은 너무나 잔인했어.
닭들을 좁은 새장에 가두고
독한 항생제를 넣기도 했지.
우리는 스트레스를 받다가
결국 잡아먹혔어.

그러다가 인간들은 스스로 만든 기후 위기를
막지 못해서, 멸망하고 말았지.

인간의 멸망은 닭들에게는 기회였어!
우리는 찬란한 문명을 꽃피웠단다.

#동물복지 #생물다양성

가축의 역사는 제법 오래되었어요. 돌을 도구로 쓰던 석기 시대부터 인간은 개를 비롯한 야생 동물들을 길들여 가축으로 기르기 시작했지요. 과학자들은 화석 연구를 통해, 여러 동물들이 인간과 함께 지내게 된 시기를 다음과 같이 추측했어요.

오늘날 야생 동물의 수는 가파르게 줄어들고, 가축의 수는 어마어마하게 늘어났지요. 지구에 사는 동물 중에 약 65퍼센트가 가축이라고 하니, 정말 놀랍지요? 그만큼 생물의 다양성이 줄어들었다는 의미이기도 해요. 생물의 다양성이 적을수록, 자연이 균형을 찾기 어렵고 바이러스나 질병의 공격에 대처하기 힘들지요. 그리고 소와 같은 가축들을 한꺼번에 많이 기르는 바람에 숲이 없어지고, 많은 온실가스가 뿜어져 나오고 있답니다.

한편, 가축의 입장에서는 어떨까요? 반려동물인 개와 고양이는 우리의 사랑을 듬뿍 받고 자라는 경우가 많아요. 그러나 고기를 얻기 위해 길러지는 소, 돼지, 닭의 경우는 사정이 좀 다르지요. 적은 돈을 들여서 짧은 시간 동안 더 많은 고기를 얻기 위해 가축들에게 고통을 안겨 주고 있어요. 많은 수의 가축들이 좁은 장소에서 독한 약물을 먹으며 불편하게 지내야 하지요.

그래서 동물들의 환경을 개선하고, 스트레스와 불필요한 고통을 줄여주려는 **동물 복지**에 대한 목소리가 커지고 있어요. 동물 복지의 대상은 농장에 있는 가축뿐만 아니라, 집 안의 반려동물, 동물원과 실험실의 동물들까지 모두 포함하지요. 오랜 세월 동안 인류와 함께 지내며 도움을 주고 있는 동물들에게 쾌적한 환경을 마련해 주는 것은 최소한의 예의가 아닐까요?

숲이나 과수원에 가축을 자유롭게 풀어 기르는 방법이
기후 위기 시대에 새롭게 떠오르고 있어요.
나무와 동물 모두가 건강하게 자랄 수 있고,
자연을 보호하며 온실가스 배출을 줄여주지요.

우리가 건강해야 인간도 건강하다고!

18 외계인의 지구 수업

#지구 #창백한푸른점

외계인을 찾기 위해 우주에서 오는 전파 신호를 조사하는 연구소가 실제로 있어요. 1977년 미국에서는 우주에서 온 강력한 전파 신호를 받고 너무 놀란 나머지, 이를 '와우! 신호(Wow! Signal)'라고 이름 붙였답니다! 이 신호가 외계인이 보낸 전파인지는 아직까지 밝혀지지 않았지만, 우리의 상상력을 자극하는 흥미로운 이야기지요.

우주 어딘가에 있을 외계인이 지금의 우리 지구를 관찰한다면 어떤 생각이 들까요? 지구의 환경을 파괴해서 다른 생물들을 멸종시키고, 기후 위기로 인한 멸망의 길을 스스로 가고 있는 인간이 이상하게 느껴질 거예요.

우주의 신비를 풀기 위해 인류는 우주 탐사선 '보이저 1호'와 '보이저 2호'를 수십 년 전에 쏘아 올렸습니다. 비록 사람이 타지 않은 무인 탐사선이지만, 지금도 우주 여행을 하며 지구에 전파 신호를 보내고 있지요. 보이저 1호는 태양계를 벗어나기 직전 우리 지구를 향해 사진을 찍었어요.

이 사진은 많은 사람들에게 놀라움과 감탄을 안겨 주었지요. 왜냐하면, 사진에 보인 지구는 넓은 우주 공간에 하나의 점처럼 매우 작게 보였기 때문이에요. 우주라는 거대한 운동장에서 지구는 아주 작은 모래알과 같지요. 보이저 호의 우주 탐사에 큰 역할을 했던 천문학자 '칼 세이건'은 지구를 **창백한 푸른 점**이라고 표현했어요.

칼 세이건은 넓은 우주에서 우리가 아는 유일한 삶의 터전인 '창백한 푸른 점'을 아끼고 보호해야 한다고 말했지요. 많은 이들은 그의 말에 공감했어요. 비록 우주 속의 작은 행성이지만, 다양한 생명을 품고 있는 우리의 고향이기에 지구는 특별하고 소중하답니다.

기후 위기가 가짜라는 착각

아직도 지구가 평평하다고
주장하는 사람들의 모임이 있어요.
지구가 둥글다는 증거는 차고 넘치는데 말이죠.
인공위성에서 찍은 사진만 보더라도
지구의 모습은 둥글게 보이는데,
정말 이해하기 힘든 주장이지요?

마찬가지로
수많은 과학적 증거에도 불구하고
기후 위기가 거짓이라고
주장하는 사람들이 있답니다.

비록 불편한 진실이라고 하더라도,
우리는 기후 위기를 인정하고 막아야 해요.

19 슈퍼 영웅이 되는 법

#지구의날 #작은실천 #플로깅

기후 위기를 막고 자연을 보호하는 일이 거창하고 힘든 일이라고 생각한다면 그것은 편견이에요. 세상을 변화시키는 것은 여러분의 작은 실천이랍니다. 다음과 같이, 지금 바로 어렵지 않게 할 수 있는 일들이죠.

어때요? 크게 불편하거나 힘든 일은 아니지요? 이것 말고도 세상을 바꾸는 작은 실천이 무엇이 있는지 한번 생각해 봐요. 무거운 마음을 버리고, 천천히 시작하기 쉬운 일부터 한 가지씩 실천하면 된답니다.

꿩먹고 알 먹는다는 속담처럼, 자연을 아끼는 실천은 나에게도 도움이 되지요!

그런데 환경을 생각하는 사람들의 노력을 비난하는 경우가 가끔 있어요.

피노키오의 비난은 얼핏 타당하게 들리네요. 오늘날 우리 주변에서 탄소 발자국이 없는 제품을 찾기란 거의 불가능하지요. 장바구니나 텀블러 같은 제품들도 오래 사용하지 않으면 큰 효과가 없어요. 이런 현실에서 '나의 작은 실천이 도대체 무슨 도움이 될까?'라는 고민도 듭니다.

그러나 여러분의 실천은 반드시 세상을 바꾸는 역할을 하죠.

☝ 한 사람의 실천이 모여 여럿이 되면, 큰 힘을 내기 때문입니다. 한 명의 개인은 작은 물방울에 불과하겠지만, 이 물방울들이 모이면 바다가 되고 큰 물결을 일으키지요.

해마다 지구의 날(매년 4월 22일)에 저녁 8시부터 10분간 불을 끄는 소등 행사를 예로 들 수 있어요. 시민과 학생들의 자발적인 참여로 시작된 이 운동은 점점 커져서 지금은 전 세계 190여 개국이 함께 하는 지구촌 행사가 되었지요.

한 집에서 불을 10분간 끈다고 해서 얼마나 전기를 아끼고, 기후 위기를 막는 데 도움이 되겠어?

환경부 발표에 따르면, 10분간 불을 끄는 것만으로 우리나라에서만 무려 52톤의 이산화탄소를 줄이는 효과가 있다고 해요. 이는 30살 된 큰 소나무 8,000그루가 1년 동안 흡수하는 이산화탄소의 양과 같아요! 10분간 불을 끄고, 조용히 어둠 속에서 지구의 속삭임을 느껴보는 것은 어려운 일이 아니지요. 이런 생각을 가진 사람들이 점점 많아져 지구의 날은 전 세계적인 환경 기념일이 되었어요.

나의 실천은 곧 모두의 실천을 부른다는 사실, 잊지 마세요!

✌️ 우리의 실천은 곧 세상에 던지는 메시지이기 때문입니다. 제품을 만드는 기업, 우리의 입장을 대표하는 정치인, 정책을 펼치는 정부에 전하는 우리의 목소리지요. 우리의 목소리가 커질수록 기업, 정치인, 정부는 환경을 생각하는 결정을 하게 된답니다. 결국 우리의 실천이 세상을 바꾸는 힘으로 변하는 것이에요.

작지만 특별한 실천을 하는 여러분이 바로 지구촌 사람들을 구하는 슈퍼 영웅입니다. 기후 위기 시대에 마냥 무관심이나 불안에 빠져 있기보다 지금 당장 한 걸음씩 앞으로 나아가 봐요!

20 미래를 바꾸는 희망 뉴스

#환경시민

 미래를 밝혀줄 상상 같은 일들이 현실로 이루어지면 얼마나 좋을까요?

　기후 위기가 사라진 건강한 자연 환경에서, 모두가 희망을 꿈꾸는 정의로운 세상을 상상해 보세요. 실제로 이루어질지 여부는 우리들의 선택에 달려 있어요. 인류는 기후 위기의 원인과 결과를 알고 있고, 그 해결책도 이미 알고 있습니다. 이제 필요한 것은 우리의 의지와 실천이지요.

　이 책을 읽는 동안, 독자 여러분의 마음속에는 새싹이 무럭무럭 자라나서 귀한 열매를 맺었어요. 그 열매는 바로 지구촌 환경 시민으로서, 자연을 아끼고 지키고자 하는 다짐이랍니다.

마치며

참고 자료

• 책 •

레이첼 카슨 저, 김은령 역, 《침묵의 봄》, 에코리브르, 2011
폴 호컨 저, 이현수 역, 《플랜 드로다운》, 글항아리사이언스, 2019
칼 에드워드 세이건 저, 홍승수 역, 《코스모스》, 사이언스북스, 2006
조천호, 《파란하늘 빨간지구》, 동아시아, 2019
한재각, 《기후정의》, 한티재, 2021
곽재식, 《지구는 괜찮아, 우리가 문제지》, 어크로스, 2022
홍세영, 《지금 시작하는 나의 환경수업》, 테크빌교육, 2022
지구하자초등환경교육연구회, 《사계절 생태 환경 수업》, 지식프레임, 2022
최원형, 《달력으로 배우는 지구환경 수업》, 블랙피쉬, 2021
이영경, 《지구를 살리는 기후위기 수업》, 한언, 2022
이찬희, 《플라스틱 시대》, 서울대학교출판문화원, 2022

• 기사, 웹 •

남종영, "영화 '투머로우'의 기후재난 닥친다?", 〈한겨레〉, 2024-02-19
윤다빈, 이기욱, "지구가 끓고 있다.. 온난화 끝, 열대화 시대" 경고, 〈동아일보〉, 2023-07-28
최서은, "북부에선 기록적 폭우, 남부에선 물부족으로 수돗물 끊길 위기… 이상 기후 시달리는 중남미", 〈경향신문〉 2023-06-07
손영식, "아마존 열대우림 4분의 1 파괴… 이산화탄소 배출량 엄청난 이유는?", 〈서울신문〉, 2022-11-09
김창엽, "가축 키우기 위해 파괴된 산림 면적, 호주 대륙과 맞먹어", 〈오마이뉴스〉, 2020-09-11
전나경, "사람과 바다, 기후를 지키는 먹거리 속속 등장", 〈단비뉴스〉, 2024-01-14

안소현, "지구 살리는 채식, 학교가 가르치고 선택권 줘야", 〈단비뉴스〉, 2024-02-01
김정덕, "1년 후 재생 에너지 발전량, 석탄 앞선다", 〈더스쿠프〉, 2024-03-15
이신형, "IEA, 재생 에너지 서약 달성 가능성 열려…", 〈ESG 경제〉, 2024-01-15
정연진, "미국 친환경 포장재, 이제는 선택이 아닌 필수", 〈대한무역투자진흥공사〉, 2022-08-24
"2019년 이후 기아 인구 1억 2,200만 명 증가", 〈유니세프〉, 2023-07-13
Selin Oğuz, "Ranked: The Foods With the Largest Environmental Impact", 〈Visual Capitalist〉, 2023-10-27

• 보고서 •

옥스팜, 〈기후 평등: 99%를 위한 지구〉, 2023
IPCC, 〈기후 변화 2023 종합 보고서〉, 2023
기상청, 〈이상기후 보고서〉, 2022
IEA, 〈전력망 및 안전한 에너지 전환〉, 2023

• 방송 •

〈다큐 인사이트-지속 가능한 지구는 없다〉, KBS, 2024
〈다큐 인사이트-끓는 바다〉, KBS, 2023
〈기후 변화, 지구를 삼키다〉, YTN, 2022
〈다큐 프라임-여섯 번째 대멸종〉, EBS, 2021

지구보다 우리가 걱정이야!

초판 1쇄 2024년 5월 16일
3쇄 2025년 5월 30일
글·그림 옥이샘

펴낸이 윤을식
펴낸곳 도서출판 지식프레임
출판등록 2008년 1월 4일 제 2023-000024호
전화 (02)521-3172
팩스 (02)6007-1835
이메일 jfbook@naver.com
블로그 https://blog.naver.com/jisikframe

ISBN 979-11-982213-6-0 (73400)

• 이 책 내용의 전부 또는 일부를 재사용하려면 반드시 저작권자와
  지식프레임 양측의 서면에 의한 동의를 받아야 합니다.

• 파손된 책은 구입하신 서점에서 교환해 드리며, 책값은 뒤표지에 있습니다.

• KC 마크는 이 제품이 공통안전기준에 적합하였음을 의미합니다.